RÉSUMÉ POLITIQUE

A PROPOS

DES ÉLECTIONS

DÉPARTEMENTALES

―――――〜〜◯〜―――――

PARIS

E. DENTU, LIBRAIRE-EDITEUR

Palais-Royal, galerie d'Orléans, 13 et 17.

―

1864

RÉSUMÉ POLITIQUE

A PROPOS

DES ÉLECTIONS

DÉPARTEMENTALES

——————→◦⊂◉⊃◦←——————

I

Le nombre chaque jour croissant des gens qui savent lire a si complétement changé les conditions de stabilité dans notre pays, qu'on ne saurait trop souvent s'adresser au bon sens du public et en appeler à son jugement. La critique des institutions sociales et celle des actes du pouvoir, qui sont si étroitement liées, est non-seulement ordinaire et facile, mais encore attrayante dans notre France spirituelle et téméraire ; elle amuse la malignité naturelle du lecteur. Ce n'est que par un effort qu'il domine ce goût inné de fronde et qu'il s'élève jusqu'à l'équité. L'esprit humain est ainsi fait, qu'il ne lui déplaît pas de faire expier un peu leur succès aux heureux de ce monde ; beaucoup d'ailleurs croient sans peine le dispensateur magistral et quotidien du blâme et de l'éloge, toujours tempéré par un *mais* restrictif ; ils imaginent qu'il serait un administrateur et homme d'État intègre et supérieur. Nos révolutions successives ont donné quelques démentis à ce complaisant préjugé, mais rien n'y fait, et les journaux de l'opposition sont assurément les plus nombreux et les plus suivis. Cette crédulité d'une société si fine serait bien faite pour surprendre, si les actes ne démentaient continuellement les inductions.

Je crois réellement que, malgré la propension commune, le bien et le juste finissent toujours par l'emporter, mais non pas sans combats et sans risques ; or, comme j'aime beaucoup la

France et la liberté, il me chagrinerait fort de voir l'exemple
que Paris donnait naguère dans ses élections partielles, suivi
lors des prochaines élections départementales. Sans être un
apologiste *quand même* du régime impérial, je trouve que non-
seulement le bien l'emporte immensément aujourd'hui sur le
mal, mais surtout que chaque jour réalise un progrès ou fait
naître l'espérance d'une amélioration. Pour le prouver, je vais
passer rapidement en revue les faits accomplis ; la mémoire
en est encore assez fraîche pour que chacun me rectifie si je
me trompe.

On lit de temps en temps dans les journaux le récit d'acci-
dents dus à l'imprudence de certains enfants qui jouent avec des
allumettes. Il y a, de par le monde, de très-grands enfants,
que je ne veux pas désigner autrement, qui jouent avec des
choses bien plus dangereuses que le feu. Je sais que beaucoup
d'entre eux seraient très-fâchés d'être pris au mot et que c'est,
si l'on veut bien me passer l'expression, *un genre* qu'ils se don-
nent ; mais il en est d'autres qui, après avoir sonné le tocsin
contre la monarchie de juillet, et battu ensuite la générale contre
la république, donneraient volontiers aujourd'hui le signal des
Pâques Véronaises contre l'Empire ; ils me font penser à ce joli
jeu que tout le monde connaît, et qu'on appelle des *Montagnes
Russes*. C'est une sorte de casse-cou vertical, qui a l'inclinaison
d'une cataracte, ou peu s'en faut, et qu'on descend avec une
rapidité foudroyante. Un manége caché sous la voie, — on
appelle cela une voie ! — remonte ensuite lentement les wagons
en haut de la montagne artificielle ; à un moment donné, on les
précipite de nouveau, et l'on recommence indéfiniment. C'est là
l'exercice que voudraient remettre à la mode des hommes po-
litiques et autres, que cela amuse infiniment. Il est permis, je
l'espère, de préférer autre chose ; ceux en particulier qui n'ont
pas oublié les aménités incendiaires de 1848, les appels au pil-
lage et aux proscriptions, dont l'encre encore fraîche semblait
sablée avec la poudre des cartouches ; qui soupçonnent que le
personnel des néfastes journées de juin n'est pas absolument
converti aux idées d'une transformation sociale par l'éducation
et par la science ; ceux-là, dis je, sont peu disposés à rechercher
de nouveau les émotions de la *montagne russe*. J'espère qu'ils
sont nombreux.

Les hommes de bon sens — j'entends de ce bon sens *de poi-
trine*, si l'on peut ainsi dire, qui manque aux ultras rouges et
blancs, — sans parler de ceux qui sont gris, — n'espèrent le
progrès que par la civilisation, et à l'aide de cette maturité des

choses, à laquelle il faut aussi la température et la durée. Ils ne veulent ni reculer ni avancer trop vite; et de même qu'une fortune lentement amassée par l'épargne est plus solide que les gains de l'aventure et du risque, les institutions patiemment conquises et discutées leur paraissent plus assurées que ces grandes râfles révolutionnaires dont il faut ensuite tant rabattre. Les sectaires croient que le progrès se décrète et qu'on peut faire doubler le pas à l'humanité. Ils aspirent aux catastrophes comme au moyen de réaliser leur utopie. Ils ont renversé aux cris de *vive la Charte* ou de *vive la Réforme*, comme des capucins de carte, les Bourbons de la branche cadette sur les Bourbons de la branche aînée. Ils ne s'aperçoivent pas qu'il n'y a plus aujourd'hui de ces capucins-là.

Le véritable danger pour nous, aujourd'hui, c'est de compromettre par notre impatience le fruit de douze années de sagesse, d'expérience et d'efforts. Le gouvernement ne craint rien de la liberté qu'on ose invoquer contre lui; il lui creuse un lit invariable et profond; il canalise, comme on l'a dit, le torrent révolutionnaire. Sûr de lui, sûr de l'aveu du pays, il tente l'une après l'autre toutes les réformes; il les a portées déjà plus avant que ne le fit jamais pouvoir public au cœur de tous les préjugés nationaux et internationaux; mais il a ce tort irrémissible de ne pouvoir pas faire tout à la fois, et de ne vouloir point se laisser jeter à bas. Goëthe dit qu'il y a des femmes qui demanderaient volontiers à leur Seigneur et Maître de leur décrocher les étoiles et de leur enfiler leur aiguille à la même minute. Passe encore dans les féeries, où au coup de baguette d'un bon génie, couronné de flammes du Bengale, on voit des choses aussi surprenantes que cela! Mais dans ce pays hasardeux et mobile, il faut marcher les yeux sur un but, et ne s'en laisser distraire jamais, sous peine de tomber sous les huées du présent et sous les dédains de l'histoire.

II

Au premier rang des questions qui préoccupent l'attention publique, se trouve celle de l'enseignemen populaire. Il faut rendre cette justice au régime impérial, qu'amais, malgré de nombreux abus, il n'a songé à restreindre la liberté de l'enseignement, l'une des rares conquêtes de la révolution de Février. Comment l'eût-il fait, d'ailleurs, lui qui compte sur l'instruction au moins relative du peuple, pour déjouer les passions haineuses et faire justice des sophismes envenimés et des accusations mensongères? Ne sait-il pas qu'on ne trompe les peuples qu'en proportion de leur ignorance? Aussi voyez si chaque dimanche il ne met point, dans le *Moniteur des communes*, les habitants du moindre village au courant des affaires du pays? Voyez s'il n'autorise pas de tous côtés l'ouverture des cours populaires, chaque fois que la politique ne se cache pas derrière la littérature? Comptez, si vous le pouvez, les encouragements prodigués aux sociétés polytechniques et philotechniques? Rappelez-vous le décret du 19 avril 1862, qui accorde aux instituteurs primaires une augmentation de traitement après cinq années d'exercice? Souvenez-vous enfin de la formation si recommandée, si encouragée, des bibliothèques communales, scolaires, militaires et régimentaires, et dites, la main sur la conscience, si un gouvernement qui pousse à ce point à l'instruction, peut être accusé avec vraisemblance de vouloir maintenir le peuple sous une tutelle sans fin?

Une question tout aussi sérieuse, celle de l'enseignement professionnel, ne le préoccupe pas moins. Si cette idée féconde, réclamée par les économistes, commence à être appliquée, on le doit au gouvernement impérial ; c'est le premier pas d'une série de réformes et de libertés commerciales qui en sont les corollaires et qui toucheront à tout : octrois, banques, courtages. Qu'en dira M. de Montalembert, qui se plaignait en son jeune temps de ce que chaque diplôme de bachelier était une lettre de change tirée sur la société? J'aime à croire qu'il s'arrangera mieux de l'éducation professionnelle que de celle de l'université, et même des colléges catholiques, qui ont aussi la prétention de fabriquer beaucoup de bacheliers? Eh bien, ce n'est pas encore assez; l'éducation de toute une partie du pays reste encore à entreprendre, et la question n'est pas de celles qui peuvent être impunément ajournées. Le suffrage universel suppose, et en tout cas implique l'enseignement universel. Si un peu de science éloigne de Dieu, comme on l'a dit, et que beaucoup y ramène, on peut espérer, par voie de conséquence, la même chose des rapports d'un peuple avec son gouvernement, quand c'est la démocratie qui règne.

Faut-il rappeler combien depuis quinze ans le nombre des sociétés de secours mutuels s'est accru? Une des dernières statistiques en dénombrait environ quatre mille, répandues sur toute la surface du pays, comptant plus de cinq cent mille sociétaires, ayant un capital qui dépasse trente millions, et des fusils dans les mains, car partout les associations de ce genre sont le noyau des compagnies rurales de sapeurs-pompiers. Faut-il énumérer les orphelinats, les asiles, la société du Prince Impérial, l'organisation du régime disciplinaire des prud'hommes? Qui ne se souvient, ne serait-ce qu'à cause des débats qui viennent d'avoir lieu dans l'enceinte du Corps Législatif, de ce procès intenté aux imprimeurs, où la pénétration du chef de l'État a si vite compris ce qu'il y avait à faire pour améliorer les rapports de patron à ouvrier? Songe-t-on à la sollicitude avec laquelle M. le Ministre de l'intérieur s'occupe depuis si longtemps du sort des enfants assistés? au soin avec lequel on s'étudie à remédier au fléau en quelque sorte périodique des chômages? Le temps et l'espace me manqueraient également pour tout dire, dussé-je me borner à une simple énumération; qui ne voit cependant, par le peu que je viens de rappeler, combien est réel le progrès qui tend à s'opérer dans le moral des classes ouvrières? Combien le libéralisme du gouvernement, libéralisme qui est dans les choses bien plutôt que dans les mots, augmente la tendance déjà si marquée de la société à dégager des théories socialistes ce qui est susceptible d'application, dans une certaine mesure? Une génération s'élève, fille de *la Ruche* et de *l'Atelier*, qui comprend enfin qu'il est temps de sortir des agitations stériles, des prises d'armes insurrectionnelles, de laisser là les chimères, pour entrer dans ces améliorations pratiques où la vieillesse trouvera un asile et du pain, la femme des égards et du bien-être, l'enfant de bons exemples et une nourriture morale et matérielle également saines, les malades, les blessés de l'industrie, les invalides civils de la campagne et de l'usine, la possibilité en même temps que le droit de vivre, sans les dégradantes ressources de la mendicité. Tout cela est compris dans l'enseignement religieux, primaire et professionnel, dans l'extension des institutions de prévoyance, dans la cause de la liberté de travail. Les journaux voués au vieil esprit révolutionnaire et à l'antagonisme des classes, tiennent peu de compte de tous ces efforts du régime impérial, qui ne flattent guère la passion politique; mais à mesure que le niveau intellectuel s'élèvera, le peuple rendra plus de justice aux tendances du gouvernement le mieux intentionné, le plus foncièrement économique qui fût jamais. Il comprendra une fois pour toutes, que lui parler toujours de ses droits, sans lui parler en même temps et plus souvent encore de ses obligations, c'est le décevoir, et que lui rappeler ses devoirs sans lui faciliter les moyens de les accomplir, ce n'est pas l'aimer.

III

Tout marche ou, pour mieux dire, devrait marcher parallèlement, dans le monde des idées et des faits, et *l'harmonie* rêvée par les phalanstériens est moins chimérique que ne le croient desgens qui se sont beaucoup moqués d'eux. Les améliorations matérielles doivent marcher du même pas que les améliorations morales. C'est en vertu de ce principe, et les yeux fixés comme sur une boussole, sur la lettre impériale du 21 juillet 1856, que l'administration forestière ensemençait, il y a peu de mois, neuf mille hectares, pour le reboisement des montagnes du Gard, de la Drôme, de la Lozère, des Hautes et Basses-Alpes et de Vaucluse ; c'est sous cette impulsion que les administrations préfectorales procèdent avec une persistance qui n'aurait besoin que d'être régularisée, à l'endiguement des rivières torrentielles du Midi, au barrage des ravins des Cévennes. En même temps que M. Coste mettait en culture, si l'on peut ainsi parler, la baie de Saint-Brieuc et qu'il étendait les bienfaits de la pisciculture à une partie de notre littoral par la création des moulières de l'Aiguillon, à quelques lieues de la Rochelle, et des huîtrières de Marennes, dans la Charente-Inférieure ; les concours régionaux, les comices agricoles, la multiplication des fermes modèles, l'affectation d'un budget de vingt-cinq millions à l'achèvement des chemins vicinaux, donnaient un irrésistible élan à l'agriculture. Sous une impulsion venue de bien haut, de notables propriétaires s'adonnent à l'exploitation de leurs domaines, à la *fabrication* de la viande de boucherie par des croisements raisonnés ; la Société Impériale d'acclimatation introduit sans cesse des espèces nouvelles d'animaux de travail ou de races comestibles ; les haras, l'une des branches les plus importantes et les moins favorisées de notre richesse territoriale, n'ont pas été l'objet d'une sollicitude moins vigilante. A l'heure qu'il est, non-seulement les chevaux français remportent partout, en Angleterre même, des triomphes auxquels naguère ils n'auraient pu prétendre, et leur prix s'est élevé au delà de toute prévision, mais encore la race, en général, s'est améliorée d'une façon sensible. Bientôt nous ne serons plus tributaires de l'étranger ni pour nos chevaux de luxe, ni pour nos chevaux de guerre. Nos éleveurs sont encouragés de toutes les manières et entre autres par une notable augmentation des primes accordées à l'étalonnage privé.

Leurs produits se répandent jusque dans les pays qui avaient autrefois le monopole, pour ainsi dire, de cette industrie, et nous sommes en voie de refaire une race réunissant la vitesse et la forme, comme nous sommes en voie d'endiguement de nos fleuves, de reboisement de nos montagnes, de barrages contre les inondations, de croisade contre l'ignorance, la misère, la routine, et de restauration universelle.

IV

Le traité de commerce conclu il y a quelques années est encore une tradition du premier empire, une idée Napoléonienne. Depuis que le gouvernement français a ouvert une aussi large brèche dans le vieux lazaret économique appellé le *régime protecteur*, bien des branches de notre industrie ont subi une véritable transformation. Cette révolution pacifique qui est destinée à faire de la France un vaste entrepôt commercial, et à la mêler au mouvement général des affaires européennes, dont l'éloignait un système de douanes très-restrictif, semblait à peine devoir triompher dans un lointain avenir. On peut dire qu'elle est née de l'Exposition universelle de 1851 et qu'elle a eu pour résultat immédiat de contraindre toutes les autres nations à introduire de profondes modifications dans leur régime économique et dans leur tarif douanier. Les expositions suivantes ont fait faire des pas nouveaux à la liberté du commerce, au développement des voies ferrées, et à l'emploi de plus en plus répandu des machines perfectionnées. La question, après avoir divisé en principe un certain nombre d'hommes compétents, paraît à peu près résolue aujourd'hui. Il est certain que la substitution, même à échéances échelonnées, d'un régime à un autre, froisse toujours un certain nombre d'intérêts. On le voit tous les jours, à propos de l'application de la loi d'expropriation pour cause d'utilité publique, et de l'établissement des lignes de chemin de fer. Le traité de commerce de 1860 n'a pas échappé à cette loi des choses; nos deux districts cotonniers les plus importants, l'Alsace et la Normandie, si cruellement éprouvés à cette heure par des circonstances exceptionnelles, l'ont jugé d'une manière très-différente; un fait constant, c'est que la réforme économique a mis nos manufacturiers de Roubaix, de Turcoing, d'Elbeuf, dans la nécessité de modifier leur système de fabrication, et que, grâce au succès qui a couronné leurs efforts, ils sont en train de chasser de tous les marchés de l'Amérique, les draps anglais, belges et allemands.

L'abaissement du droit sur le poisson étranger, sur les houilles anglaises, devait également exercer l'influence la plus funeste, au dire des défenseurs de l'inscription maritime et en général de la vieille organisation de Colbert, sur les ressources de notre puissance navale et sur une des plus importantes productions du sol ; un rapport du comité des armateurs et des patrons de la pêche, à Boulogne, en date du 6 octobre 1862, et l'exposé très-catégorique de la situation de l'Empire, démontrent l'égale inanité de ces deux assertions.

Les conquêtes de l'économie politique tournent toujours, en définitive, à l'avantage du plus grand nombre ; grâce à la suppression en temps utile des savantes combinaisons de l'échelle mobile, nous avons pu deux fois traverser des crises redoutables, presque sans nous en apercevoir. La liberté a rendu facile ce qui avait toujours échoué sous le régime de l'intervention. Il s'agit maintenant de rendre de plus en plus accessible à toutes les bourses l'usage de la viande. C'est à ce résultat que tendent les modifications récemment introduites dans le commerce de la boulangerie et de la boucherie : tâche difficile, dans un pays où la population a doublé depuis cent ans, où la consommation a quintuplé, et où il faut lutter contre les résistances de la peur et de l'avidité.

V

La politique du gouvernement français à l'étranger n'a pas été moins ferme et moins habile que son administration à l'intérieur. Quand il a dû s'écarter du programme de Bordeaux, *l'Empire c'est la paix !* c'est qu'il y a été contraint, et il l'a fait alors avec autant de résolution que de modération ; les guerres de Crimée et d'Italie sont là pour l'attester ; ceux qui contestent au roi Victor-Emmanuel le droit de porter la couronne de fer, — cette couronne dont la devise est : *Rex totius Italiæ,* — prendraient sans doute plus aisément leur parti de la voir sur la tête de l'empereur François-Joseph ! La prise fabuleuse de Pékin et de Sanghaï, la conquête de Ho-Kong, en Cochinchine, par quelques centaines de matelots et de fantassins lancés en flèche au bout du monde, ont vengé le sang des martyrs catholiques, relevé notre pavillon abattu et ouvert à notre commerce des débouchés inattendus. Il n'y avait jusqu'ici que nos missionnaires qui eussent porté plus loin que nos soldats, l'honneur et le nom de la France! Ils marchent aujourd'hui à l'ombre du même drapeau; car s'il peut sembler téméraire d'appeler nos soldats des apôtres, ce ne sera pas une puérile antithèse de dire que nos apôtres sont des soldats!

Un gouvernement aurait fort à faire s'il ne comptait sur le bon sens et sur l'équité des masses pour triompher des calomnies des salons hostiles et des sociétés secrètes. On accuse à la fois le nôtre de ne chercher que plaies et bosses, et en même temps, par une contradiction que je ne me charge pas d'expliquer, on lui reproche de subir la pression de l'étranger, d'être allé au Mexique et de n'être pas allé en Pologne! Des hommes qui ont subi l'affaire Pritchard s'indignent de ce que nous n'avons pas poussé jusqu'à l'Adriatique! Ce sont là les misères de l'esprit de parti, qui *crédulise* les meilleurs citoyens, fausse les consciences et déprave les cœurs! Pendant ce temps-là, nos régiments, victimes d'un odieux guet-apens, décimés par le *vomito* et démentant de funèbres pronostics, poursuivaient leur tâche sans faillir! Et aujourd'hui, faisant face à la France, au bord du Pacifique, ils lui demandent d'un bout du monde à l'autre, en lui présentant les armes, s'ils n'ont pas dégénéré et si elle est contente d'eux?

Si nous avons pu reprendre partout une attitude si fière, c'est grâce à nos prétoriens, comme on a osé appeler — tout bas — nos glorieux soldats, ces fils de l'Aigle! Ils les ont menés loin, ces souliers que jadis Napoléon leur fit distribuer à l'entrée de la campagne d'Iéna, ces sabots que leur donna le duc d'Orléans au camp de Saint-Omer! c'est que l'éducation militaire élève les cœurs et refait les poumons de l'honneur aux plus poitrinaires de morale! L'armée, depuis le temps où le tocsin et le canon d'alarme étaient la seule loi de recrutement, a toujours sauvé la France, et la sauverait encore au besoin! En frappant du pied la terre on en ferait sortir des légions.

Et quel dévouement! quelle abnégation! et cela pour avoir une page dans l'histoire, et pour la satisfaction de la conscience et de ce noble amour de la patrie! Ah! nous n'avons pas besoin de lire Plutarque pour connaître des héros! notre Iliade en foisonne, depuis les grands soldats de la République jusqu'à nos engagés volontaires de l'armée d'Afrique! Il y a tel d'entre eux, poëte sans le savoir, faisant sonner la charge contre l'ouragan des Alpes ou croiser la baïonnette contre l'avalanche, qui, à son jour et à son heure, a été un paladin digne du Tasse et de l'Arioste!

Beaucoup qui ont porté le sac et qui n'en sont pas plus fiers, ont été des ministres hors ligne et grands hommes d'État ! Les nations, — la nôtre du moins, — sont semblables à ces vieux arbres dont les hautes branches mortes font songer à nos cimeaux de Provence ; on les croirait à bout, bons à brûler ! Mais coupez ces rameaux desséchés, couronnez ces géants des forêts, et vous verrez sortir de toutes parts des pousses vigoureuses et d'épaisses frondaisons ! C'est là l'image de l'armée, de la société, de la patrie tout entière, dont les racines et la charpente sont encore pleines de séve, quand la tête chenue ne présente plus que les enseignes de la mort !

VI

J'ai passé en revue les actes principaux de ce régime le plus sagement progressif qu'il ait jamais été donné au monde de contempler ! J'ai dû omettre bien des circonstances, laisser de côté bien des détails dans cette récapitulation véridique, où j'ai seulement voulu grouper des faits épars et trop aisément perdus de vue. Je suis convaincu que le gouvernement impérial n'est resté étranger à aucune des préoccupations du véritable esprit public, et que sa complexe activité a tout embrassé dans une vaste synthèse ; ainsi, je n'ai parlé, pour aller du haut en bas de l'échelle des choses, ni de ces généreuses amnisties qui ont rouvert les portes de la patrie à tous les exilés de tous les régimes, ni de ce mode d'emprunt direct par voie de souscription publique, qui a été au crédit national ce que le suffrage universel a été au droit politique, ni de la transformation de la rente en un titre unique de 3 %, réclamé depuis longtemps par les hommes spéciaux les plus experts ; je n'ai rien dit de l'annexion de Nice et de la Savoie, ni du *veto* mis sur le trafic hypocrite des nègres prétendus libres, ni de ce nouveau système si moral et si prévoyant de l'exonération militaire, dont le seul tort est d'être encore à un prix trop élevé ; ni de la publicité des audiences des conseils de préfecture, ni de la convention maritime de 1856, qui a introduit un nouveau code maritime international ; ni de la réforme adoptée partout aujourd'hui de notre diapason musical ; j'ai passé sans en dire un mot sur cette merveilleuse métamorphose du vieux Paris, qui en a fait le salon et le square d'une France renouvelée et embellie ; sur le profit incalculable qu'a valu à la classe ouvrière l'imitation de cet exemple fécond, par tant de villes du premier et du second ordre. Je n'ai pas fait assez remarquer que si le gouvernement n'a point donné au peuple de Paris la comédie d'un *ministère du progrès*, il a fait mieux que cela en lui fournissant du travail partout, des caisses de retraite pour la vieillesse, des cités ouvrières, sorte de phalanstère modeste, et en face du Palais-de-Justice, une gare couverte où s'abriteront pendant le mauvais temps les journaliers attendant l'embauchage des entrepreneurs. J'ai à peine parlé de cette politique nouvelle, persévérante, droite et adroite, et avec cela Française, qui nous faisait offrir une médiation amicale à l'Amérique, un congrès à l'Europe. Je n'ai point rappelé ces tristes querelles religieuses dont la modération du gouvernement d'une part et l'indifférence du public de l'autre ont fait justice ; j'aurais pu parler de notre expédition en Syrie..., à quoi bon? Le second empire a aussi sa colonne de la place Vendôme, sa colonne des victoires, et celle-là en dit plus long sur son esprit que tous les commentaires ; c'est la statue colossale de Notre-Dame de France, élevée au Puy, sur la roche Corneille, et fondue avec les canons de Sébastopol !

Est-ce à dire que tout soit pour le mieux en tout, partout et toujours, et que l'administration ne se soit pas trompée parfois dans les détails ? Hélas ! les hommes seront toujours les mêmes, et tel excelle dans le plan qui faillira dans l'exécution. Quel est celui d'entre nous dont les agents n'ont pas quelquefois méconnu ou trahi la pensée ? Quand un ministre, quand un préfet, qui ne peuvent tout faire par eux-mêmes, sont mal secondés, faut-il pour des illégalités locales, des violences accidentelles, des misères regrettables, faire remonter au principe même la responsabilité encourue par les personnes ? Le régime de la publicité sans limite n'a-t-il pas eu ses scandales et ses capitulations de conscience? Le gouvernement parlementaire sans contre-poids, n'a-t-il pas eu ses abus d'autorité ? La mécanique a bien ses frottements qui arrêtent et changent les effets de la théorie, comment la politique n'aurait-elle pas les siens? La bureaucratie française, malgré tous les efforts faits pour la simplifier, est encore une espèce de machine de Marly, ingénieuse, compliquée, qui dépense une force énorme pour obtenir des résultats médiocres : ce n'est donc pas sans raison que l'opinion publique réclame avec énergie contre un excès de centralisation administrative, dont l'esprit de corps, dans chaque partie, aggrave encore les inconvénients ; mais si je reconnais volontiers les imperfections du régime actuel, je ne saurais prendre bien au sérieux des doléances ou des récriminations que je ne trouve ni sincères, ni justifiées. On rencontre, ailleurs que dans le psaume, des gens qui ont des yeux pour ne point voir, des oreilles — et quelles oreilles! — pour ne point entendre. Je ne saurais sympathiser avec des hommes qui portent dans l'appréciation des grandes choses l'esprit des infiniment petits, et qui, à défaut des tempêtes de l'Océan qu'il ne tient pas à eux de déchaîner, s'arrangeraient encore de celles qui peuvent tenir dans un verre d'eau! Qu'importe, après tout, que l'administration des musées répartisse d'une manière ou d'une autre, telle ou telle pièce de la collection Sauvageot? Qu'elle achète ou n'achète pas dans une vente publique, un incunable? Qu'il y ait ou qu'il n'y ait pas beaucoup de protêts à Nice ou même à Marseille? Quel homme de sens rassis songera jamais à rendre le gouvernement de son pays responsable des témérités de certains négociants ou d'une crise commerciale, plus que de l'intempérie des saisons? Qu'importe qu'il y ait eu de plus grands poëtes, pendant le siècle de Louis XIV ou sous la Restauration, que pendant les deux ères impériales? Je prends aisément mon parti que Molière et Pascal n'aient pas attendu l'année 1864 pour donner le *Tartuffe* ou les *Provinciales*, qui seraient d'ailleurs assez de circonstance. J'irai plus loin : qu'importe qu'un préfet recommande publiquement et sans détour tel ou tel candidat au choix des électeurs, pourvu qu'il ne nous présente que des hommes honorables et qu'il nous laisse le secret du vote J'ai vu beaucoup d'élections en ma vie; j'en ai vu sous le ministère de M. Guizot; j'en ai vu sous la présidence du général Cavaignac et sous celle du prince Louis-Napoléon. Une seule a été vraiment spontanée et faite en connaissance de cause ; dans toutes les autres, les influences qui agissaient sur les électeurs, en nombre restreint ou en nombre illimité, sans être assurément les mêmes, étaient identiques. J'en suis venu à penser que jamais, — sauf quelques exceptions, les élections n'ont été plus libres et plus en rapport avec le fond de l'esprit public, que sous l'Empire. Les paysans qui votaient pour la liste blanche ou la liste rouge, connaissaient certainement beaucoup moins ceux qu'ils élisaient, qu'ils ne connaissent aujourd'hui l'unique député de leur circonscription électorale. En thèse générale, j'ai plus de confiance dans l'impulsion qu'un maire peut imprimer aux électeurs de sa commune, que dans l'action d'un comité composite; ce qui m'importe, et ce qui importe à tous, c'est que le sentiment national soit satisfait, c'est que la conscience publique soit tranquille, c'est qu'un Béranger, qu'un Horace Vernet, chantre de nos triomphes et de nos revers, peintre de nos victoires et de nos désastres, soient glorifiés, et que le panthéon de Versailles soit fermé au buste d'un Fouché !

Le peuple français ne saurait évidemment s'associer à ces hommes dont la logique consiste surtout à haïr ce qui existe, en détestant un peu moins ce qui n'existe plus. Il peut s'apitoyer sur les émigrés volontaires, en songeant qu'à toutes les époques, sous tous les régimes, même les meilleurs, même les plus grands, il y a eu une minorité maussade, des existences froissées ; que dans tous les temps même les plus reculés des luttes acharnées dont notre orageuse patrie a été le théâtre, toujours quelque infortuné a pu crier du fond de son cœur ulcéré : *dans les tristes temps où nous vivons !* mais ce cri sans écho n'a jamais imposé à l'équitable postérité. Tacite et Juvénal n'auraient pas la puissance de répercuter jusqu'au fond de l'histoire des anathèmes contre un Titus ou un Trajan !

Un jour viendra où ce régime disparaîtra à son tour ; car tout ce qui est de l'homme a son couchant et descend à son heure sous l'horizon, après avoir vécu des années ou des siècles, ce qui revient absolument au même, quant au résultat final et devant l'éternelle vérité ! mais à ce moment-là, un grand vide se fera dans le monde. La France comprendra alors qu'il lui a été donné au dix-neuvième siècle, d'assister au plus grand spectacle qu'il soit réservé aux peuples de contempler : celui d'un gouvernement ayant entrepris de lutter corps à corps avec la malédiction qui pèse depuis quatre mille ans sur la génération d'Adam.

J'ai dit ma pensée d'une manière très-incomplète, assurément, mais au moins sans réticence. Je n'ai voulu qu'indiquer les grandes lignes et mettre en garde contre les séductions des partis, les hommes de bonne volonté à qui reviennent de droit le royaume du ciel et même ceux de la terre, quand ils veulent bien s'y prêter. J'ajoute que je comprends à merveille la tactique des adversaires du régime impérial, car sa façon de faire les condamne à une longue, sinon à une éternelle impuissance. Lui demander de renoncer au droit d'appuyer ses candidats, alors que les adversaires de sa politique patronneraient les leurs de toutes les rubriques des coalitions, c'est recommencer le plaidoyer de maître renard avec un auditoire en plus. J'espère que le corbeau, c'est-à-dire, sauf respect, le gouvernement, ne lâchera pas *notre* fromage, et que Messieurs les correspondants des journaux belges, italiens et suisses, sans parler des autres compères, en seront longtemps encore pour leurs frais de pathétique !

Encore un mot en finissant : tout le monde connaît les effets du mirage. Souvent en Afrique, et plus près de nous, dans la Crau, au milieu d'un désert aride, le voyageur croit apercevoir dans le lointain une cité avec ses dômes, ses clochers et son fleuve. Eh bien, des rêveurs, qui semblent les citoyens naturels de ces cités imaginaires, peuvent tenter chaque jour sans péril de rebaptiser le pays dans ces eaux fantastiques et de refaire son éducation. — Écoutons-les, car quiconque est de bonne foi mérite d'être écouté, et il faut toujours supposer la bonne foi chez ses adversaires, jusqu'à preuve du contraire; — mais ne les croyons pas sur parole, comparons ce qu'ils disent à ce qu'ils ont fait; soyons surtout en garde contre ce qu'ils recommenceraient peut-être, et défions-nous des mirages de la liberté !

L. Lucas de Montigny.

Château de Mirabeau, juin 1864

Paris. Imprimerie de L. Tinterlin, 3, rue Neuve-des-Bons-Enfants.

www.ingramcontent.com/pod-product-compliance
Lightning Source LLC
Chambersburg PA
CBHW060733280326
41933CB00013B/2617